ACCORD

ABCDEFG
HIJKLMNOP
QRSTUVW
XYZ
(&;!?$£)

1234567890

ACCORD

`	1	2	3	4	5	6	7	8	9	0	-	=
q	w	e	r	t	y	u	i	o	p	[	]	\
a	s	ð	f	ç	h	j	k	l	;	'		
z	x	c	v	b	n	m	,	.	/			

Shift

~	!	@	#	$	%	^	&	*	(	)	_	+
q	w	e	r	t	y	u	i	o	p	⚜	⚜	|
a	s	ð	f	ç	h	j	k	l	:	"		
z	x	c	v	b	n	m	‹	›	?			

Option

`	¡	™	£	¢			•	Ž	Ž	–	
Œ	š	´	®	†	¥	¨	^	ø	ý	"	'	«
å		ł	€	©	·		°		…	æ		
€		ç		ý	~	ł						

Shift/Option

`			‹	›				°		‚	—	
Œ	„	´		ˇ	Á	¨	^	ø	š	"	'	»
å	í	î	ï	"	ó	ô		ò	ú	æ		
،	،	ç	◆	ı	~	â	¯	˘	¿			

Barkham

ABCDEFGHI
JKLMNOPQR
STUVWXYZ

(&;!?$£)

abcdefghijklmnop
qrstuvwxyz

1234567890

Barkham

`	1	2	3	4	5	6	7	8	9	0	-	=
q	w	e	r	t	y	u	i	o	p	[	]	\
a	s	d	f	g	h	j	k	l	;	'		
z	x	c	v	b	n	m	,	.	/			

Shift

~	!	@	#	$	%	^	&	*	(	)	_	+
Q	W	E	R	T	Y	U	I	O	P	{	}	|
A	S	D	F	G	H	J	K	L	:	"		
Z	X	C	V	B	N	M	<	>	?			

Option

`	í	™	£	¢		g	¶	•	Ž	ž	–	
œ	Š	´	®		¥	¨	^	ø	Ý	"	`	«
å	ß	ł	€	©	·		°			…	æ	
€		ç		ý	~	Ł						

Shift/Option

`			‹	›				°	·	,	—	
Œ	„	´		˜	Á	¨	^	Ø	š	"	'	»
Å	Í	Î	Ï	˝	Ó	Ô		Ò	Ú	Æ		
˛	˒	Ç	◆	ı	~	Â	ˉ	˘	¿			

4

Brinkman

ABCDEFGHI
JKLMNOPQR
STUVWXYZ

(&;!?$£)

abcdefghijklmn
opqrstuvwxyz

•

1234567890

Brinkman

`	1	2	3	4	5	6	7	8	9	0	-	=
q	w	e	r	t	y	u	i	o	p	[	]	\
a	s	d	f	g	h	j	k	l	;	'		
z	x	c	v	b	n	m	,	.	/			

Shift

~	!	@	#	$	%	^	&	*	(	)	_	+
Q	W	E	R	T	Y	U	I	O	P	{	}	|
A	S	D	F	G	H	J	K	L	:	"		
Z	X	C	V	B	N	M	<	>	?			

Option

`	¡	™	£	¢			¶	•	Ž	ž	–	
œ	Š	´	®	†	¥	¨	^	ø	Ý	"	'	«
å	ß	ł	€	©	·		°		…	œ		
€		ç		ý	~	Ł						

Shift/Option

`			‹	›				°	•	,	—	
Œ	„	´		ˇ	Á	¨	^	Ø	š	"	'	»
Å	Í	Î	Ï	˝	Ó	Ô		Ò	Ú	Æ		
	Ç	◆	ı	~	Â			¿				

Candlemas

ABCDEFGHI
JKLMNOPQR
STUVWXYZ

(&;!?$£)

abcdefghijklmno

pqrstuvwxyz

•

1234567890

Candlemas

`	1	2	3	4	5	6	7	8	9	0	-	=
q	w	e	r	t	y	u	i	o	p	[	]	\
a	s	d	f	g	h	j	k	l	;	'		
z	x	c	v	b	n	m	,	.	/			

Shift

~	!	@	#	$	%	^	&	*	(	)	_	+
Q	W	E	R	T	Y	U	I	O	P	{	}	|
A	S	D	F	G	H	J	K	L	:	"		
Z	X	C	V	B	N	M	<	>	?			

Option

`	¡	™	£	¢				•	Ž	ž	–	
œ	Š	´	®		¥	¨	^	ø	Ý	"	'	«
å	ß	ł	€	©	·		°			…	œ	
€		ç		ý	~	£						

Shift/Option

`			‹	›				°	·	,	—	
Œ	„	´		ˇ	Á	¨	^	Ø	ž	"	‚	»
Å	Í	Î	Ï	˝	Ó	Ô		Ò	Ú	Œ		
˛	¸	Ç	◊	ı	~	Â	ˉ	˘	¿			

Cardigan

ABCDEFGHI
JKLMNOPQRS
TUVWXYZ

(&;!?$£)

abcdefghijklmno

pqrstuvwxyz

•

1234567890

Cardigan

`	1	2	3	4	5	6	7	8	9	0	-	=
q	w	e	r	t	y	u	i	o	p	[	]	\
a	s	d	f	g	h	j	k	l	;	'		
z	x	c	v	b	n	m	,	.	/			

~	!	@	#	$	%	^	&	*	(	)	_	+
Q	W	E	R	T	Y	U	I	O	P	{	}	|
A	S	D	F	G	H	J	K	L	:	"		
Z	X	C	V	B	N	M	<	>	?			

`	¡	™	£	¢			•	Ž	ž	–	
æ	Š	´	®		¥	¨	^	ø	Ý	"	`	«
å	ß	ł	€	©	·		°		…	œ		
€		ç		ý	~	Ł						

`			‹	›				°	·	‚	—	
Œ	„	´		ˇ	Á	¨	^	Ø	š	"	'	»
Å	Í	Î	Ï	˝	Ó	Ô		Ò	Ú	Æ		
¸	˛	Ç	◆	˙	~	Â	¯	˘	¿			

10

Carnet

ABCDEFGHI
JKLMNOPQRS
TUVWXYZ

(&;!?$£)

abcdefghijklmno
pqrstuvwxyz

•

1234567890

Carnet

`	1	2	3	4	5	6	7	8	9	0	-	=
q	w	e	r	t	y	u	i	o	p	[	]	\
a	s	d	f	g	h	j	k	l	;	'		
z	x	c	v	b	n	m	,	.	/			

Shift

~	!	@	#	$	%	^	&	*	(	)	_	+
Q	W	E	R	T	Y	U	I	O	P	{	}	|
A	S	D	F	G	H	J	K	L	:	"		
Z	X	C	V	B	N	M	<	>	?			

Option

`	¡	™	£	¢				•	Ž	ž	–	
œ	Š	´	®		¥	¨	^	ø	Ý	"	'	«
å	fz	ł	€	©	·		°		…	æ		
€		ç		ý	˜	Ł						

Shift/Option

`			‹	›				°	·	,	—	
Œ	„	´		˘	Á	¨	^	Ø	š	"	'	»
Å	Í	Î	Ï	˝	Ó	Ô		Ò	Ú	Æ		
˛	¸	Ç		¹	˜	Â	˗	˘	¿			

Certificatext

ABCDEFGHI
JKLMNOPQRS
TUVWXYZ
(&;!?$£)
abcdefghijklmno
pqrstuvwxyz

●

1234567890

Certificatext

`	1	2	3	4	5	6	7	8	9	0	-	=
q	w	e	r	t	y	u	i	o	p	[	]	\
a	s	d	f	g	h	j	k	l	;	'		
z	x	c	v	b	n	m	,	.	/			

Shift

~	!	@	#	$	%	^	&	*	(	)	_	+
Q	W	E	R	T	Y	U	I	O	P	{	}	|
A	S	D	F	G	H	J	K	L	:	"		
Z	X	C	V	B	N	M	<	>	?			

Option

`	¡	™	£	¢			¶	•	Ž	ž	–	
œ	Š	´	®	†	¥	¨	^	ø	Ý	"	'	«
å	ß	ł	€	©	·		°		…	œ		
€		ç		ý	~	Ł						

Shift/Option

`			‹	›			‡	°	·	„	—	
Œ	„	´		˜	Á	¨	^	Ø	š	"	’	»
Å	Í	Î	Ï	˝	Ó	Ô		Ò	Û	Æ		
,	˛	Ç	◆	ı	~	Â	¯		˘			

Court Hand

ABCDEFGHI
JKLMNOPQR
STUVWXYZ

(&;!?$£)

abcdefghijklmno
pqrstuvwxyz

•

1234567890

Court Hand

`	1	2	3	4	5	6	7	8	9	0	-	=
	q	w	e	r	t	y	u	i	o	p	[	]	\
	a	s	d	f	g	h	j	k	l	;	'		
	z	x	c	v	b	n	m	,	.	/			

Shift

~	!	@	#	$	%	^	&	*	(	)	_	+
	Q	W	E	R	T	Y	U	I	O	P	{	}	|
	A	S	D	F	G	H	J	K	L	:	"		
	Z	X	C	V	B	N	M	<	>	?			

Option

`	¡	™	£	¢			¶	·	Š	ž	–	
	œ	Š	´	®		¥	¨	^	ø	Ý	"	`	«
	å	ƙ	ł	€	©	·		°		…	æ		
	€		ç		ý	~	Ł						

Shift/Option

`			‹	›				°	·	‚	—	
	Œ	„	´		ˇ	Å	¨	^	Ø	š	"	'	»
	Å	Í	Î	Ï	˝	Ó	Ô		Ò	Ú	Æ		
	‚	˛	Ç	◊	ı	~	Â	¯	˘	¿			

16

Davis

ABCDEFGHI
JKLMNOPQR
STUVWXYZ
(&;!?$£)

abcdefghijklmno
pqrstuvwxyz

•

1234567890

Davis

`	1	2	3	4	5	6	7	8	9	0	-	=
q	w	e	r	t	y	u	i	o	þ	[	]	\
a	s	d	f	g	h	j	k	l	;	'		
z	x	c	v	b	n	m	,	.	/			

Shift

~	!		#	$	%	^	&	*	(	)	_	+
Q	W	E	R	T	Y	U	I	O	P	{	}	|
A	S	D	F	G	H	J	K	L	:	"		
Z	X	C	V	B	N	M	<	>	?			

Option

`	¡	™	£	¢			¶	•	Ž	ž	–	
œ	Š	´	®	†	¥	¨	^		ø	Ý	"	'	«
å	ß	ł	€	©	·		°			…	œ	
€		ç		ý	˜	£						

Shift/Option

`			‹	›				°	•	,	—	
Œ	„	´		ˇ	Á	¨	^	Ø	š	"	'	»
Å	Í	Î	Ï	˝	Ó	Ô		Ò	Ú	Æ		
˛	˙	Ç	◆	ı	˜	Â	ˉ	˘	¿			

Davis Fancy

A B C D E F G

H I J K L M N O

P Q R S T U V

W X Y Z

(&;!?$£)

abcdefghijklmno

pqrstuvwxyz

1234567890

Davis Fancy

`	1	2	3	4	5	6	7	8	9	0	-	=
q	w	e	r	t	y	u	i	o	þ	[	]	\
a	s	d	f	g	h	j	k	l	;	'		
z	x	c	v	b	n	m	,	.	/			

Shift

~	!	@	#	$	%	^	&	*	(	)	_	+
Q	W	E	R	T	Y	U	I	O	P	{	}	|
A	S	D	F	G	H	J	K	L	:	"		
Z	X	C	V	B	N	M	<	>	?			

Option

`	¡	™	£	¢			¶	•		ž	–	
œ		´	®	†	¥	¨	^	ø		"	'	«
å	ß	ł	€	©	·		°		…	œ		
€		ç		ý	~							

Shift/Option

`			‹	›					°	·	,	—	
	„	ˊ		ˇ		¨	^		š	"	ˏ	»
				″								
	˒	˓	◆	ˡ	~		˗	ˇ	¿			

20

Eros Text

ABCDEFGHI

JKLMNOPQRS

TUVWXYZ

(&;!?$£)

abcdefghijklmno

pqrstuvwxyz

•

1234567890

Eros Text

`	1	2	3	4	5	6	7	8	9	0	-	=
q	w	e	r	t	y	u	i	o	p	[	]	\
a	s	d	f	g	h	j	k	l	;	'		
z	x	c	v	b	n	m	,	.	/			

Shift

~	!	@	#	$	%	^	&	*	(	)	_	+
Q	W	E	R	T	Y	U	I	O	P	{	}		
A	S	D	F	G	H	J	K	L	:	"		
Z	X	C	V	B	N	M	<	>	?			

Option

`	¡	™	£	¢			•	Ž	ž	—	
œ	Š	´	®	†	¥	¨	^	ø	Ý	"	'	«
å	ß	ł	€	©	·		°		…	æ		
€		ç		ý	~	£						

Shift/Option

`			‹	›				°	•	‚	—	
Œ	„	´		ˇ	Á	¨	^	Ø	š	"	'	»
Å	Í	Î	Ï	˝	Ó	Ô		Ò	Ú	Æ		
˛	˛	Ç	◆	ı	~	Â	ˉ	˜	¿			

Espania

A B C D E F G H I

J K L M N O P Q R

S T U V W X Y Z

(&;!?$£)

abcdefghijklmno

pqrstuvwxyz

·

1234567890

Espania

`	1	2	3	4	5	6	7	8	9	0	-	=
q	w	e	r	t	y	u	i	o	p	[	]	\
a	s	d	f	g	h	j	k	l	;	'		
z	x	c	v	b	n	m	,	.	/			

Shift

~	!	@	#	$	%	^	&	*	(	)	_	+
Q	W	E	R	T	Y	U	I	O	P	{	}	|
A	S	D	F	G	H	I	K	L	:	"		
Z	X	C	V	B	N	M	<	>	?			

Option

`	¡	™	£	¢				·	Ž	ž	–	
œ	Š	´	®		¥	¨	^	ø	Ý	"	'	«
å	ß	ƒ	€	©	·		°		…	œ		
€		ç		ý	~	£						

Shift/Option

`			‹	›				°		,	—	
Œ	„	´		ˇ	Á	¨	^	Ç	š	"	'	»
Å	Í	Î	Ï	˝	Ó	Ô		Ò	Ú	Æ		
˛	ˍ	Ç	˙	ı	~	Â	ˉ	˜	¿			

Graduate

ABCDEFGH
IJKLMNOPQR
STUVWXYZ
(@;!?$£)

abcdefghijklmn
opqrstuvwxyz

•

1234567890

Graduate

`	1	2	3	4	5	6	7	8	9	0	-	=
q	w	e	r	t	y	u	i	o	p	[	]	/
a	s	d	f	g	h	j	k	l	;	'		
z	x	c	v	b	n	m	,	.	/			

Shift

~	!		#	$	%	^	&	*	(	)	_	+
Q	W	E	R	T	Y	U	I	O	P	{	}	|
A	S	D	F	G	H	J	K	L	:	"		
Z	X	C	V	B	N	M	<	>	?			

Option

`	¡	™	£	¢				•	Ž	ž	–
œ	Š	´	®		¥	¨	ˆ	ø	Ý	"	'	«
å	ß	ł	€	©	·		°		…	æ	
€		ç		ý	˜	Ł					

Shift/Option

`			‹	›				°	·	,	—
Œ	„	´		ˇ	Á	¨	ˆ	Ø	š	"	'	»
Å	Í	Î	Ï	˝	Ó	Ô		Ò	Ú	Æ	
		Ç		ı	˜	Â	ˉ	˘	¿		

horloge

ABCDEFGH

IJKLMNOPQRK

STUVWXYZ

(&;!?$£)

abcdefghijklmn

opqrstuvwxyz

.

1234567890

horloge

`	1	2	3	4	5	6	7	8	9	0	-	=
q	w	e	r	t	y	u	i	o	p	[	]	\
a	s	d	f	g	h	j	k	l	;	'		
z	x	c	v	b	n	m	,	.	/			

Shift

~	!	@	#	$	%	^	&	*	(	)	_	+
Q	W	E	R	T	Y	U	I	O	P	{	}	|
A	S	D	F	G	H	J	K	L	:	"		
Z	X	C	V	B	N	M	<	>	?			

Option

`	¡	™	£	¢				•	Ž	ž	–	
œ	Š	´	®		¥	¨	ˆ	ø	Ý	"	'	«
å	ß	ł	€	©	˙		˚		…	æ		
€		ç		ý	˜	£						

Shift/Option

`			‹	›				°	·	‚	—	
Œ	„	´		ˇ	Á	¨	ˆ	Ø	š	"	'	»
Å	Í	Î	Ï	˝	Ó	Ô		Ò	Ú	Æ		
¸	˛	Ç	◊	ı	˜	Â	¯	˘	¿			

Library Text

ABCDEFGH
IJKLMNOPQR
STUVWXYZ
(&;!?$£)

abcdefghijklmnop
qrstuvwxyz

•

1234567890

Library Text

`	1	2	3	4	5	6	7	8	9	0	-	=
q	w	e	r	t	y	u	i	o	p	[	]	\
a	s	d	f	g	h	j	k	l	;	'		
z	x	c	v	b	n	m	,	.	/			

Shift

~	!	@	#	$	%	^	&	*	(	)	_	+
Q	W	E	R	T	Y	U	I	O	P	{	}	|
A	S	D	F	G	H	J	K	L	:	"		
Z	X	C	V	B	N	M	<	>	?			

Option

`	¡	™	£	¢			•	Ž	ž	–	
œ	Š	´	®			¨	^	ø	Ý	"	'	«
å	ß	ƒ	€	©	·		°		…	æ	
€		ç		ý	~	£					

Shift/Option

`			‹	›				°	·	‚	—	
Œ	„	´		ˇ	Á	¨	^	Ø	š	"	'	»
Å	Ǵ	Ĵ	ÿ	˝	Ó	Ô		Ò	Ú	Œ	
ˏ	ˌ	Ç	◆	ı	~	â	ˉ	˘	¿		

Matrix Text

ABCDEFGHI
JKLMNOPQR
STUVWXYZ

(&;!?$£)

abcdefghijklmnop
qrstuvwxyz

·

1234567890

Matrix Text

`	1	2	3	4	5	6	7	8	9	0	-	=
q	w	e	r	t	y	u	i	o	p	[	]	\
a	s	d	f	g	h	j	k	l	;	'		
z	x	c	v	b	n	m	,	.	/			

Shift

~	!	@	#	$	%	^	&	*	(	)	_	+
Q	W	E	R	T	Y	U	I	O	P	{	}	|
A	S	D	F	G	H	J	K	L	:	"		
Z	X	C	V	B	N	M	<	>	?			

Option

`	¡	™	£	¢			¶	•	Ž	ž	–
œ	Š	´	®	†	¥	¨	^	ø	¶	"	'	«
å	ß	ł	€	©	˙		°		…	æ	
€		ç		ý	˜	£					

Shift/Option

`			‹	›				°	·	,	—
Œ	„	´		ˇ	Á	¨	^	Ø	š	"	'	»
Å	Í	Î	Ï	˝	Ó	Ô		Ò	Ú	Æ	
˛	˛	Ç		ı	˜	Â	¯	˘	¿		

32

Motto

ABCDEFGHIJ
KLMNOPQRST
UVWXYZ

(&;!?$£)

abcdefghijklmno
pqrstuvwxyz

•

1234567890

Motto

`	1	2	3	4	5	6	7	8	9	0	-	=
q	w	e	r	t	y	u	i	o	p	[	]	\
a	s	d	f	g	h	j	k	l	;	'		
z	x	c	v	b	n	m	,	.	/			

Shift

~	!	@	#	$	%	^	&	*	(	)	_	+
Q	W	E	R	T	Y	U	I	O	P	{	}	|
A	S	D	F	G	H	J	K	L	:	"		
Z	X	C	V	B	N	M	<	>	?			

Option

`	¡	™	£	¢				•	Ž	ž	–	
œ	Š	´	®		¥	¨	^	ø	Ý	"	'	«
å	ß	ł	€	©	·		°		•	æ		
€		ç		ý	~	Ł						

Shift/Option

`			‹	›				°			‚	—
Œ	„	´		ˇ	Á	¨	^	Ø	š	"	'	»
Å	Í	Î	Ï	˝	Ó	Ô		Ò	Ú	Æ		
˛	˛	Ç	◆	ı	~	Â	¯	˘	¿			

Postillion

ABCDEFGHIJ
KLMNOPQRS
TUVWXYZ

(&;!?$£)

abcdefghijklmn
opqrstuvwxyz

•

1234567890

Postillion

`	1	2	3	4	5	6	7	8	9	0	-	=
q	w	e	r	t	y	u	i	o	p	[	]	\
a	s	d	f	g	h	j	k	l	;	'		
z	x	c	v	b	n	m	,	.	/			

Shift

~	!	@	#	$	%	^	&	*	(	)	_	+
Q	W	E	R	T	Y	U	I	O	P	{	}	|
A	S	D	F	G	H	I	K	L	:	"		
Z	X	C	V	B	N	M	<	>	?			

Option

`	¡	™	£	¢			¶	•	Ž	ž	–	
æ	Š	´	®	†	¥	¨	^	ø	ý	"	•	«
å	ß	ł	€	©	.		°		…	œ		
€		ç		ý	~	Ł						

Shift/Option

`			‹	›				°		,	—	
Œ	„	´		ˇ	á	¨	^	Ø	š	"	'	»
å	í	î	ï	"	Ó	Ô		Ò	Ú	Æ		
¸	˛	Ç	♦	ı	~	â	¯	˘	¿			

36

Scepter

ABCDEFGHI
JKLMNOPQR
STUVWXYZ
(&;!?$£)
abcdefghijklmn
opqrstuvwxyz
·
1234567890

Scepter

`	1	2	3	4	5	6	7	8	9	0	-	=
q	w	e	r	t	y	u	i	o	p	[	]	\
a	s	d	f	g	h	j	k	l	;	'		
z	x	c	v	b	n	m	,	.	/			

Shift

~	!	@	#	$	%	^	&	*	(	)	_	+
Q	W	E	R	T	Y	U	I	O	P	{	}	|
A	S	D	F	G	H	J	K	L	:	"		
Z	X	C	V	B	N	M	<	>	?			

Option

`	¡	™	£	¢			·	Ž	ž	–		
æ	Š	´	®	T	¥	¨	^	ø	Ǵ	"	'	«
å	ß	ł	€	©	·		°			…	æ	
€		ç		ý	~	Ł						

Shift/Option

`			‹	›				°	·	,	—	
Œ	„	´		˘	Á	¨	^	Ø	š	"	'	»
Å	Í	Î	Ï	˝	Ó	Ô		Ò	Ú	Æ		
˛	˛	Ç	◆	ˌ	~	Â	ˉ	˘	¿			

Silverwood Swash

ABCDEFGHI
JKLMNOPQR
STUVWXYZ

(&;!?$£)

abcdefghijklmnop
qrstuvwxyz

·

1234567890

Silverwood Swash

`	1	2	3	4	5	6	7	8	9	0	-	=
q	w	e	r	t	y	u	i	o	p	[	]	\
a	s	d	f	g	h	j	k	l	;	'		
z	x	c	v	b	n	m	,	.	/			

Shift

~	!	@	#	$	%	^	&	*	(	)	_	+
Q	W	E	R	T	Y	U	I	O	P	{	}	|
A	S	D	F	G	H	I	K	L	:	"		
Z	X	C	V	B	N	M	<	>	?			

Option

`	i	™	£	¢				•	Ž	ž	–	
æ	Š	´	®		¥	¨	^	ø	Ý	"	'	«
å	ß	ł	€	©	·		°			…	œ	
€		ç		ý	~	£						

Shift/Option

`			‹	›				°	•	‚	—	
Œ	„	´		ˇ	Á	¨	^	Ø	š	"	'	»
Å	Í	Î	Ï	"	Ó	Ô		Ò	Ú	Æ		
˛	˛	Ç	◆	ı		Â	ˉ	˘	ȷ			

Speedscript

ABCDEFGHI
JKLMNOPQR
STUVWXYZ
(&;!?$£)

abcdefghijklm

nopqrstuv

wxyz

.

1234567890

Speedscript

`	1	2	3	4	5	6	7	8	9	0	-	=
q	w	e	r	t	y	u	i	o	p	[	]	\
a	s	d	f	g	h	j	k	l	;	'		
z	x	c	v	b	n	m	,	.	/			

Shift

~	!	@	#	$	%	^	&	*	(	)	_	+
Q	W	E	R	T	Y	U	J	O	P	{	}		
A	S	D	F	G	H	J	K	L	:	"		
Z	X	C	V	B	N	M	<	>	?			

Option

`	¡	™	£	¢					.	Ž	ž	—
æ	Š	´	®		¥	¨	^	ø	Ý	"	'	«
å	ß	ł	€	©	·		°			…	œ	
€		ç		ý	~	£						

Shift/Option

`			‹	›				°	·	‚	—	
Œ	„	´		ˇ	Á	¨	^	Ø	š	"	'	»
Å	Ĵ	Ĵ	ï	˝	Ó	Ô		Ò	Ú	Æ		
˛	˘	Ç		˙	~	Â	¯	˜	¿			

unciala

ABCDEFG

hijklmNop

QRSTUV

WXYZ

(&;!?$£)

1234567890

unciala

`	1	2	3	4	5	6	7	8	9	0	-	=
q	w	e	r	t	y	u	i	o	p	[	]	\
a	s	d	f	g	h	j	k	l	;	'		
z	x	c	v	b	n	m	,	.	/			

Shift

~	!	@	#	$	%	^	ец	*	(	)	_	+
Q	w	e	r	t	y	u	i	o	p	{	}	|
a	s	d	f	g	h	j	k	l	:	"		
z	x	c	v	b	n	m	<	>	?			

Option

`	¡	™	£	ç				•	ž	ž	–	
œ	š	´	®		¥	¨	^	ø	Ý	"	'	«
å		ł	€	©	·		°			…	æ	
€		ç		Ý	~	ł						

Shift/Option

`			‹	›					•	,	—	
œ	„	´		ˇ	Á	¨	^	ø	š	"	'	»
å	í	î	ï	˝	ó	ô		ò	ú	æ	
˛	˘	ç	˙	ı	~	â	¯	˜		¿		

44

Zingo

ABCDEFGHI
JKLMNOPQRS
TUVWXYZ
(&;!?$£)
abcdefghijklmn
opqrstuvwxyz

•

1234567890

Zingo

`	1	2	3	4	5	6	7	8	9	0	-	=
q	w	e	r	t	y	u	i	o	p	[	]	\
a	s	d	f	g	h	j	k	l	;	'		
z	x	c	v	b	n	m	,	.	/			

Shift

~	!	@	#	$	%	^	&	*	(	)	_	+
Q	W	E	R	T	Y	U	I	O	P	{	}	|
A	S	D	F	G	H	J	K	L	:	"		
Z	X	C	V	B	N	M	<	>	?			

Option

`	¡	™	£	¢			¶	•	Ž	ž	–	
œ	Š	´	®		¥	¨	^	ø	Ý	"	`	«
å	ß	ł	€	©	·		°		...	æ		
€		ç		ý	~	Ł						

Shift/Option

`			‹	›				°	·	,	—	
Œ	„	´		ˇ	Á	¨	^	Ø	š	"	'	»
Å	Í	Î	Ï	˝	Ó	Ô		Ò	Ú	Æ		
˛	˛	Ç		ı	~	Â	¯	˘	¿			

46

Zion

ABCDEFGHI
JKLMNOPQRS
TUVWXYZ
(&;!?$£)
abcdefghijklmn
opqrstuvwxyz

•

1234567890

Zion

`	1	2	3	4	5	6	7	8	9	0	-	=
q	w	e	r	t	y	u	i	o	p	[	[	\
a	s	d	f	g	h	j	k	l	;	'		
z	x	c	v	b	n	m	,	.	/			

Shift

~	!	@	#	$	%	^	&	*	(	)	_	+
Q	W	E	R	T	Y	U	I	O	P	{	}	|
A	S	D	F	G	H	J	K	L	:	"		
Z	X	C	V	B	N	M	<	>	?			

Option

`	¡	™	£	¢			•	Ž	ž	–
œ	Š	´	®		¥	¨	^	ø	Ý	"	'	«
å	ß	ł	€	©	˙		°		…	æ		
€		ç		ý	˜	ł						

Shift/Option

`			‹	›			°	•	,	—
Œ	„	´		ˇ	Á	¨	^	Ø	š	"	'	»
Å	Í	Î	Ï	˝	Ó	Ô		Ò	Ú	Æ		
˛	˓	Ç		ι	˜	Â	¯	˜	¿			

48